mi mini biografía

Frederick Douglass

Publicado en los Estados Unidos de América por Cherry Lake Publishing
Ann Arbor, Michigan
www.cherrylakepublishing.com

Asesor de contenido: Ryan Emery Hughes, estudiante de doctorado, Escuela de Educación, Universidad de Michigan
Asesora de lectura: Marla Conn MS, Ed., Read-Ability, Inc.
Ilustrador: Jeff Bane
Traducción por Editec Soluciones Editoriales

Créditos de las fotos: © Matthew B. Brady/Library of Congress, 5; © G.H. Houghton/Library of Congress, 7; © The Life and Times of Frederick Douglass (1881)/ushistoryimages.com, 9; © Internet Archive Book Images/ Flickr, 11, 22; © North Wind Picture Archives/Alamy, 13; © Frederick Douglass and William Lloyd Garrison/Library of Congress, 15, 23; © Library of Congress, 19; © Everett Historical/Shutterstock Images, 21; Cover, 10, 14, 18, Jeff Bane; Todos los marcos de las imágenes, Shutterstock Images

La información del catálogo de publicación de la Biblioteca del Congreso ha sido presentada y está disponible en catalog.loc.gov.

Impreso en los Estados Unidos de América

contenido

Sobre la autora: Emma E. Haldy es bibliotecaria y una orgullosa ciudadana de Michigan. Vive con su esposo, Joe, y una colección de libros que no deja de crecer.

Sobre el ilustrador: Jeff Bane y sus dos socios son dueños de un estudio cerca del río de los Americanos en Folsom, California, que es donde se originó la fiebre del oro de 1849. Cuando Jeff no está dibujando o ilustrando, está nadando o navegando en kayak por el río para relajarse.

Nací en **el sur**.

Vengo de una familia de **esclavos**.

Me arrebataron a mi madre.
Yo era apenas un bebé.

Me crio mi abuela.

Me enviaron a trabajar a una casa. Aprendí a leer en secreto.

¿Por qué es importante saber leer?

Me escapé. Encontré seguridad en **el norte**.

Me casé. Formé una familia. Tuve distintos trabajos.

Empecé a contar mi historia. Contaba por qué la esclavitud era mala.

Me convertí en un líder antiesclavista. Fui famoso y respetado.

¿Cómo contarías tu historia?

Escribí mi historia. Quería que todo el mundo la leyera.

Imprimí un periódico. Pedí a las personas que se unieran a mi causa.

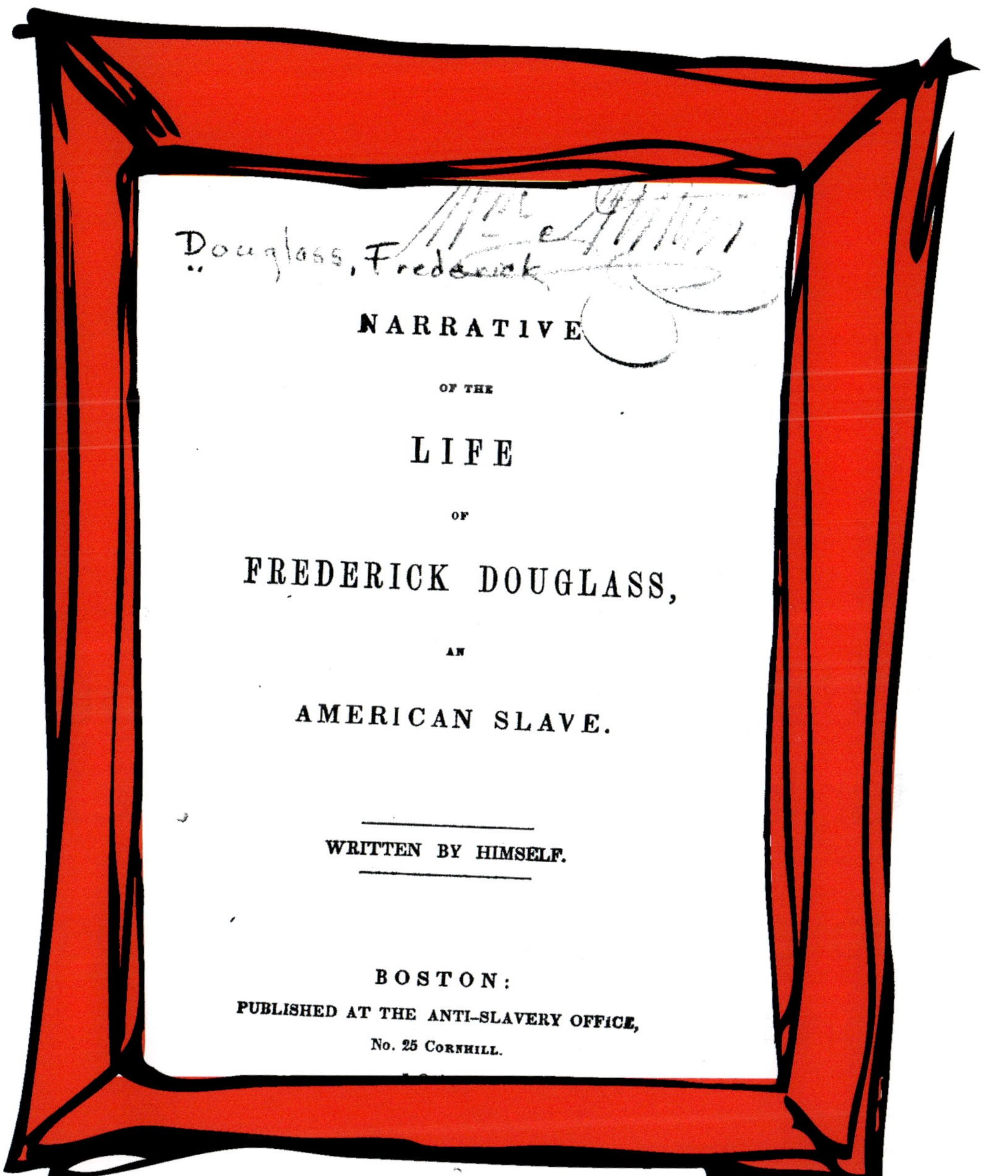

Douglass, Frederick

NARRATIVE

OF THE

LIFE

OF

FREDERICK DOUGLASS,

AN

AMERICAN SLAVE.

WRITTEN BY HIMSELF.

BOSTON:

PUBLISHED AT THE ANTI-SLAVERY OFFICE,

No. 25 CORNHILL.

Estados Unidos entró en guerra. El sur luchó contra el norte.

Ganó el norte. Los esclavos fueron liberados.

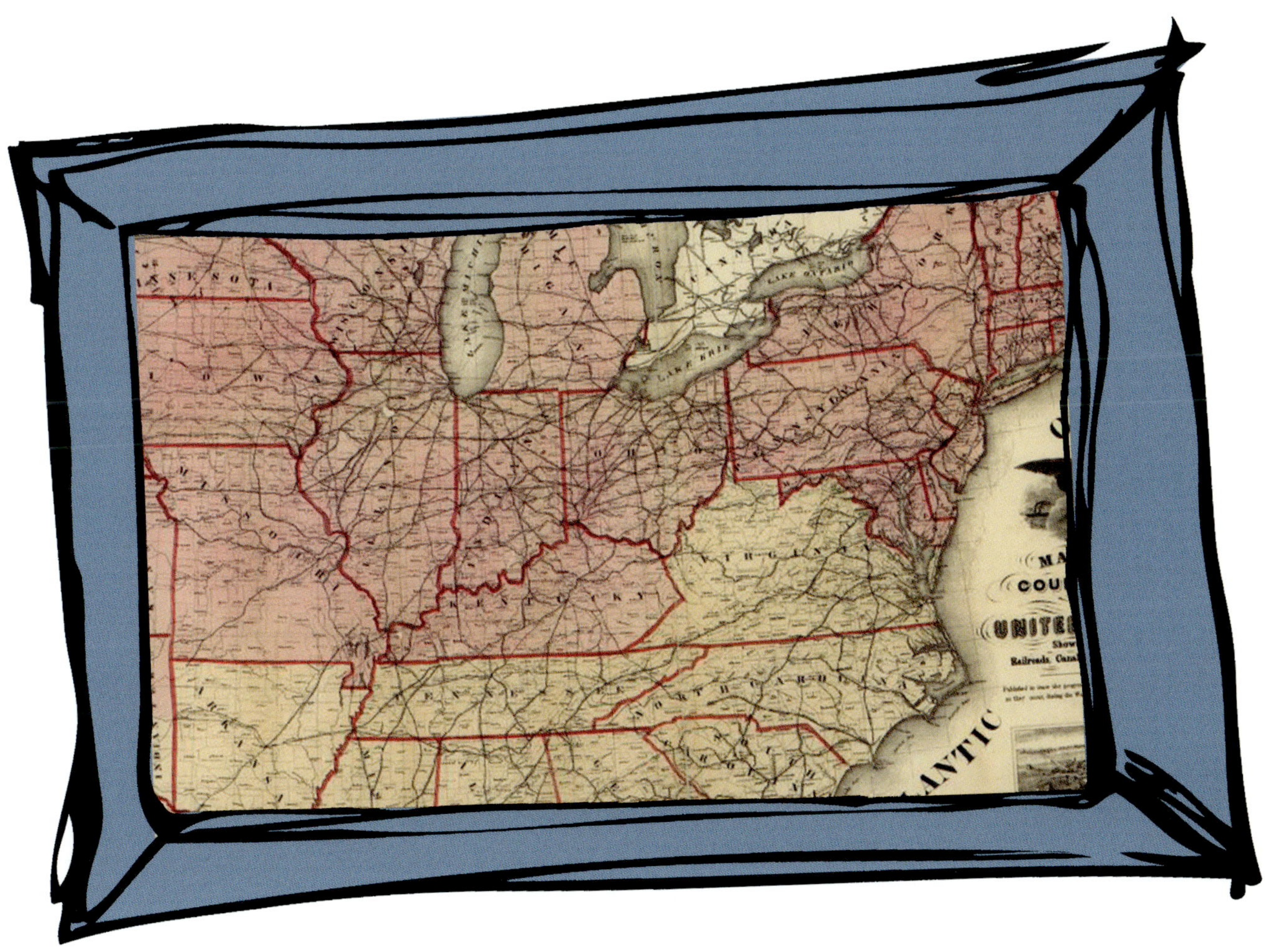
LAKE ONTARIO
LAKE ERIE
KENTUCKY
VIRGINIA

Pero mi trabajo no había terminado. Quería que los hombres y mujeres liberados tuvieran los mismos derechos.

Seguí escribiendo. Seguí hablando.

Luché por la **igualdad** hasta el día de mi muerte.

Fui un hombre realizado. Escapé de la esclavitud. Ayudé a mi pueblo a ser libre.

¿Qué te gustaría preguntarme?

Línea de tiempo

1838

1800

Nació en 1818

LIFE
OF
FREDERICK DOUGLASS,
AN
AMERICAN SLAVE.
WRITTEN BY HIMSELF.

1845

1900

Murió en 1895

glosario & índice

glosario

el norte los estados del noreste de EE. UU. que no tenían esclavos

el sur los estados del sudeste de EE. UU. que apoyaban la esclavitud

esclavos personas que son consideradas propiedad de otras personas

igualdad el derecho de todos a recibir el mismo trato, sin ventajas especiales

índice